# Les Principes

de

# l'Education protestante

PAR

ALEXANDRE WESTPHAL

*(2ᵉ édition)*

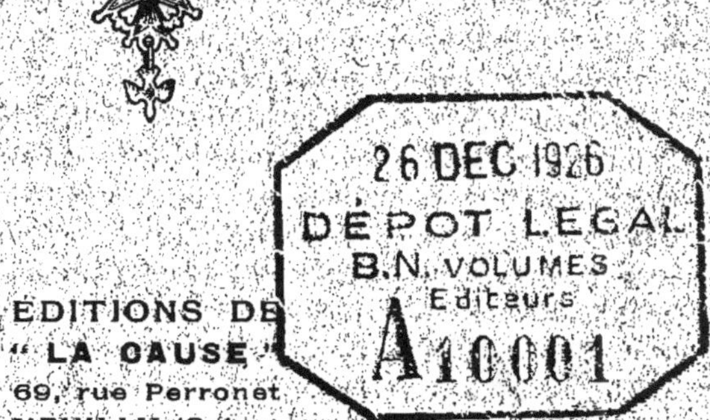


EDITIONS DE
" LA CAUSE "
69, rue Perronet
NEUILLY (Seine)

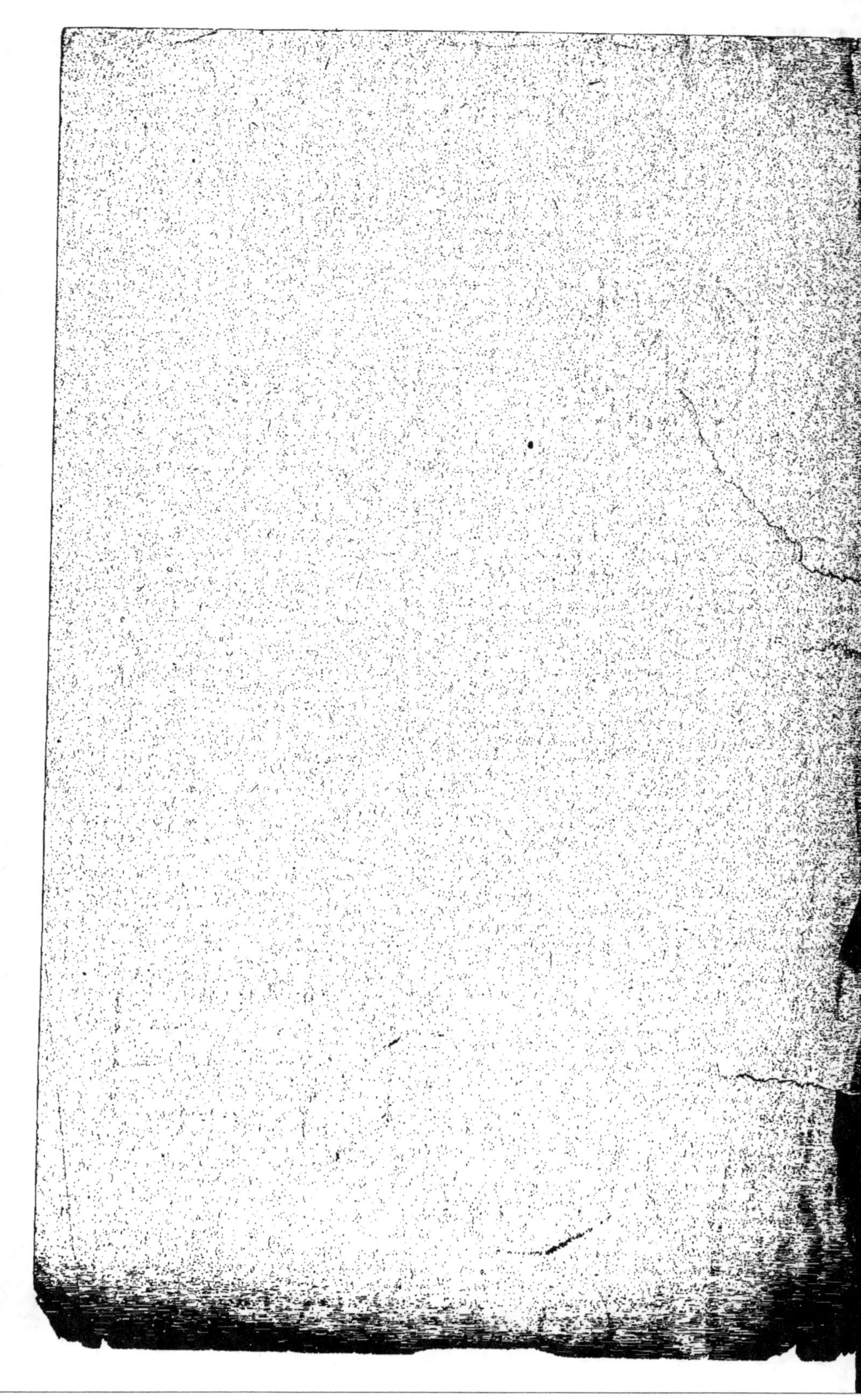

# LES PRINCIPES

## DE L'ÉDUCATION PROTESTANTE

# Les Principes

de

# l'Education protestante

PAR

## ALEXANDRE WESTPHAL

*(2ᵉ édition)*

ÉDITIONS DE
**" LA CAUSE "**
69, rue Perronet
NEUILLY (Seine)

# LES PRINCIPES DE L'ÉDUCATION PROTESTANTE [1]

Mesdames, Messieurs,

Quand je suis entré dans le champ de la littérature pédagogique, je l'ai trouvé couvert de la plus débordante floraison. Si j'avais voulu faucher tout cela et vous l'apporter catalogué dans un herbier, j'aurais eu les moyens de vous faire passer la soirée la plus ennuyeuse qui soit, et la plus inféconde. Heureusement pour vous, le loisir m'a manqué. Je n'ai eu que le temps de traverser la prairie et d'y glaner une gerbe à vous offrir. Le bouquet n'est pas gros, mais les fleurs en sont naturelles et vivantes : qualités appréciables en matière d'éducation. Quant aux auteurs qui les ont fait éclore sous mes pas, je les remercie collectivement, et me reconnais en tous points leur débiteur (2).

Cela dit, abordons notre sujet.

Vous connaissez l'Arlequin de la Comédie italienne qui traverse la scène avec un énorme paquet de papiers sous chaque bras : « Arlequin, que portes-tu sous le bras droit ? » — « Des ordres ! » — « Et sous le bras gauche ? » — « Des contre-ordres ! » A cette réponse, l'interlocuteur conçoit pour Arlequin une grande considération.

C'est la même considération que méritent les méthodes d'enseignement avant la Réforme. Ordres, contre-ordres, désordre. Durant le Moyen âge, la bourgeoisie a ses écoles, la scolastique aussi. Partout on prétend instruire ; nulle part on ne tient compte des faits. C'est la dialectique qui trône. On raisonne, on raisonne éperdûment, dans

(1) Conférence prononcée à l'*Athénée* de Bordeaux, à l'occasion de la « Semaine protestante », le 23 mai 1923.
(2) Je n'en nommerai qu'un : Paul de Félice, parce que ses ouvrages, de notoriété dans le monde des historiens, sont presque ignorés parmi nous, et que tout protestant cultivé d'aujourd'hui devrait avoir, dans sa bibliothèque, les *Protestants d'autrefois*.

un mauvais latin. Partout on prétend éduquer ; mais les écoles sont sordides, et dans les systèmes d'éducation, contradictoires, incohérents ou utopiques, le seul trait commun est l'oppression. Pour obtenir l'obéissance on fait entrer le métier par les coups : verge, bâton, jeûne, cachot, férule, sont les moyens pour former le caractère. « Jour et nuit nous ne cessons de frapper les enfants », disait un abbé à saint Anselme, et, ajoutait-il candidement, « ils ne deviennent pas meilleurs ». Entre le xiv⁰ et le xv⁰ siècle, « il n'y a d'autre différence, sinon que les fouets du xv⁰ sont deux fois plus longs que les fouets du xiv⁰ ». Luther se souvient avoir été fouetté quinze fois dans une matinée.

L'Université de Paris tient aussi la férule. Après avoir jeté un vif éclat aux xiii⁰ et xiv⁰ siècles, elle s'est enlisée dans la routine. « Tout et tous lui portent ombrage. Incurablement percluse dans son étroitesse, son fanatisme, elle vocifère du sein de son impuissance, contre tout novateur, ses accusations d'hérésie (1) ».

Vous le voyez, au point de vue instruction et éducation le monde était à refaire.

Un homme le comprit — une des fleurs les plus précoces et les plus extraordinaires de la Renaissance : c'est Rabelais. Il ridiculise les pédants de la scolastique, demande des leçons de choses, veut qu'on mette les jeunes en face des réalités de la vie, des chefs-d'œuvre de la littérature ancienne et des merveilles de la création ; qu'on nettoie les corps, qu'on élève les âmes, qu'on revienne à la Bible. Il veut que chaque matin, tandis qu'on « frotte » Gargantua, on lui lise « quelques pagines de la Sainte Écriture, hautement et clairement... J'aime bien mieux, dit-il, ouïr l'Evangile et beaucoup mieux m'en trouve que d'ouïr la vie de sainte Marguerite ou quelque autre cafarderie... Science sans conscience n'est que ruine de l'âme ». Calvin n'eût pas mieux dit. Quand la Réforme éclata, Rabelais fut tenté de s'y joindre. Mais il se ravisa. Il n'avait pas la vocation du martyre. Et, comme David contrefît le fou chez les Philistins pour sauver sa vie, le curé de Meu-

(1) Cf. F. Guex, *Histoire de l'instruction et de l'éducation*, 1906, p. 54. A. Christian, *Etudes sur le Paris d'autrefois*, 1904, p. 216, et J. Viénot, *La réforme de l'éducation*, 1918, p. 2 et suiv.

don couvrit ses imprudentes intuitions du manteau de la canaillerie. Il se réfugia dans le dévergondage. Son rire désarma les bourreaux et déconsidéra son génie.

Trente ans plus tard, Montaigne suivit, en gentilhomme, le même chemin que Rabelais, pour éviter l'inquisition qu'il flétrit. « Niaisant et fantastiquant », il émaille ses *Essais* d'idées novatrices qui auraient fait avancer la pédagogie d'un siècle, si le bon maire de Bordeaux avait cherché, en écrivant, autre chose que le plaisir.

En même temps que Rabelais, peut-être en la même année 1483, était né un homme d'une autre trempe : Martin Luther. Comme Rabelais, il dénonce l'inanité des vieux systèmes d'éducation, se moque de la scolastique amoureuse d'Aristote. Il appelle les écoles de son temps « des étables de baudets à deux pieds ». Fils du peuple il veut émanciper le peuple ; chrétien, il veut la renaissance, non seulement des lettres et des arts, mais de la conscience, et lui donne pour fondements : *la Bible* qu'il traduit en langue populaire, et *la doctrine de la justification par la foi*. La Bible entre les mains de tous, c'est l'instruction proclamée nécessaire pour tous. Déclarer que chaque homme est responsable de la foi qui le sauve, c'est affirmer le droit de chacun à l'émancipation morale et mettre au service de l'instruction « le stimulant le plus efficace, l'intérêt le plus puissant qui agisse sur les hommes (1) ».

Dès lors l'éducation devient la grande affaire protestante.

Luther consacre le meilleur de son temps à la réforme de l'enseignement. « Malheur à l'Allemagne, dit-il, « qui néglige les écoles. Les nations voisines nous appel- « lent brutes allemandes, ne sachant que se battre, boire « et manger, et le nom est mérité. »

Il veut les écoles, non seulement bonnes, mais *obligatoires* :

« Eh quoi, si l'on peut, en temps de guerre, obliger « les citoyens valides à porter l'épieu, l'arquebuse, à « courir aux murailles pour défendre la ville, combien

_______

(1) Michel Bréal, *Quelques mots sur l'Instruction publique*, p. 75. Michel Bréal (p. 13) appelle l'enseignement primaire le « fils du protestantisme ».

« peut-on et doit-on les contraindre à instruire leurs
« enfants, quand il s'agit d'une guerre bien plus rude à
« soutenir, la guerre avec le mauvais Esprit qui rôde
« autour de nous, cherchant à dépeupler l'Etat d'âmes
« vertueuses. »

Guillaume Farel, le doyen de la Réforme française,
veut l'école non seulement obligatoire, mais *laïque*, dans
son corps enseignant. Quand il s'agit d'instituteurs « au
lieu de la moinaille, dit-il, qu'on regarde gens de bien
et de bon savoir, qui aient la grâce d'enseigner avec la
crainte de Dieu ».

En 1538, Jean Sturm, ami de Calvin et maître de Pierre
Ramus, se voue à l'organisation de l'instruction publique
et établit à Strasbourg son fameux *Gymnase*, qui servit
de point de départ à l'enseignement réformé sur terre
française.

Calvin donne tous ses soins à la réforme des études,
remplace le latin par le français, dresse partout, à côté
de l'Eglise, les petites écoles : *enseignement primaire*.
Quarante collèges protestants représentent l'*enseignement
secondaire* dans les centres importants. A Strasbourg,
Orthez, Orange, Sedan, Die, Saumur, Nimes, Montpellier,
Montauban, les protestants fondent des académies sub-
ventionnées par les Synodes, et où se donne l'*enseignement supérieur*. Dans les collèges établis à côté des académies, 5 à 8 classes amenaient progressivement les
élèves des rudiments à la rhétorique, pour les introduire
ensuite dans des cours publics de théologie, de philosophie, de grec, d'hébreu, et même si possible, de méde-
cine et de jurisprudence. Ce programme, développé par
Calvin, fit de l'Académie qu'il fonda, en 1559, à Genève,
le modèle des Universités, un centre d'éducation dont
l'éclat fut tel que, par milliers, des hommes de toutes
conditions et de toutes nations accoururent dans la
capitale calviniste, y formèrent leur personnalité, et
en repartirent prêts à braver tous les périls pour enfanter partout des âmes à la vie morale, sociale, spirituelle,
faire des consciences libres et poser les assises du monde
moderne.

D'autres écoles enseignaient à leurs disciples à tuer,
Calvin, dans la sienne, leur apprenait à mourir.

En 1560, la noblesse de France, alors en majorité

protestante (1), émet, aux Etats-Généraux d'Orléans, le vœu : « Plaise au roi de lever une contribution sur les bénéfices ecclésiastiques (notez le mot « bénéfices ecclésiastiques ») pour raisonnablement stipendier des pédagogues et gens lettrés en toutes villes et villages pour l'instruction de la pauvre jeunesse du pays, et soient tenus, les pères et mères, sous peine d'amende, à envoyer les dits enfants à l'école. » Le clergé s'opposa. Le roi fit sourde oreille. Ce qui n'empêcha point le programme du Gymnase de Strasbourg de devenir celui de l'Université de France, par le célèbre *Statut* du ci-devant huguenot Henri IV, en 1598 (2).

Le temps d'Henri IV fut le bel âge de l'enseignement protestant. L'erreur de ce roi trop confiant fut, en 1603, de rouvrir la France aux Jésuites. Louis XIII, dès 1633, accorde aux Jésuites l'entrée dans les collèges fondés et entretenus par les deniers de leurs victimes. Dès lors, les spoliations systématiques enlevèrent peu à peu aux protestants l'enseignement secondaire. Malgré la persécution, ils réussirent à maintenir leurs principales Académies et à couvrir le sol de France d'instituteurs, modestes ou éminents, qui donnaient dans l'ensemble l'exemple des plus hautes vertus, et qui mettaient en monnaie, dans nos villes ou dans nos campagnes, le trésor de savoir et de foi, la « pietas litterata » des Sturm, Théodore de Bèze, Mathurin Cordier, Sébastien Castellion, ou de Pierre Ramus, illustre protagoniste de la langue française, tué à la Saint-Barthélémy.

Mais hélas, avec Louis XIV, le royaume est aux mains des Jésuites. Par la Révocation de l'Edit de Nantes, le XVIIe siècle éteint l'espérance que le XVIe avait fait naître. Ecoles protestantes, collèges, académies, sont les uns après les autres fermés ou pillés. Les précepteurs de la

---

(1) Cf. G. Compayré, *op. cit.*, p. 157.

(2) Son abjuration priva Henri IV d'une grande partie des bienfaits que lui aurait apportés la Réforme dans sa réorganisation de l'Université. Il n'en demeure pas moins que, grâce à lui, l'instruction publique a passé des mains de l'Eglise à celles de l'Etat, et plusieurs des améliorations réclamées par Ramus sont entrées dans nos écoles. Aristote reste dans l'Université, comme chez les Jésuites, le dispensateur de toute vérité. Mais, tandis que les Jésuites mettent l'accent sur l'interprétation grammaticale plutôt que sur l'analyse des pensées, le nouveau statut de l'Université exige que les livres du philosophe grec soient expliqués « plus philosophiquement que grammaticalement ». Voilà le point d'où les lignes divergent.

jeunesse des Eglises réformées sombrent dans le martyre de la Réforme française. Quand on songe à ce que le génie de notre peuple était en train de donner sous l'impulsion de l'éducation protestante, et qu'on lit la liste des éducateurs huguenots, où reviennent, avec une désolante monotonie, les mots : « persécuté, emprisonné, tué, pendu, brûlé, forçat... », on a l'impression d'assister à l'assassinat de la France.

Ne meurent que ceux qui s'abandonnent. Les Huguenots ne se sont pas abandonnés, et leurs principes ont fini par l'emporter sur ceux de leurs persécuteurs. Vingt-sept ans après l'agonie des Eglises sous la croix, l'Assemblée Constituante de la France nouvelle était présidée, en 1789, par le chrétien protestant Rabaut-Saint-Etienne. Et quarante-quatre ans plus tard, un autre chrétien protestant, le ministre François Guizot, donnait à notre instruction publique l'école primaire obligatoire.

On objectera peut-être : « Vous avez exalté l'éducation protestante, c'est votre droit. Mais les autres grands patrons de l'enseignement : les Jésuites, les Jansénistes, Fénelon, Mme de Maintenon, Rousseau et sa jeune amie Mme Pape-Carpantier, Mme de Staël, et les libres penseurs, graves doctrinaires de l'école laïque, qu'en faites-vous ? » J'en fais ce qu'ils sont : des premiers rôles sur la scène pédagogique. Seulement, avez-vous bien observé par quelle coulisse ils sont entrés ?

*Les Jésuites* ? leur ordre est fondé pour ruiner l'œuvre de la Réforme. Une concurrence intelligente commence toujours par emprunter à la maison d'en face ses moyens de succès. Or, les Jésuites sont très intelligents. — *Port-Royal* ? Qui dira ce que saint Cyran doit au protestant Ramus, le véritable initiateur de l'enseignement supérieur en France ? et qui oubliera qu'Angélique Arnaud, qui avait des attaches protestantes, hésita longtemps entre le catholicisme et la Réforme ? Adversaires du Calvinisme, les Jansénistes étaient des protestants qui ont voulu réformer l'Eglise par l'intérieur et qui ont été broyés dans son sein (1). —

(1) Voir l'étude d'Aug. Sabatier : *Port-Royal et le protestantisme,* publiée dans la *Revue chrétienne,* il y a vingt-cinq ans, et reproduite dans l'*Educateur protestant* du 10 mai 1923, p. 160-168. — Le bon Rol-

*Fénelon* ? Il en dit deux fois moins sur l'émancipation intellectuelle des femmes que n'avait fait, un siècle avant, le protestant La Primaudaye (1584). D'ailleurs, qu'était-il quand il publia, en 1683, son *Traité de l'Education des Filles* ? Il dirigeait la maison des Nouvelles Catholiques, ce qui veut dire qu'il était aux prises, tous les jours, avec de jeunes protestantes capables de répondre, de juger, de fournir des objections embarrassantes. Il fallait les gagner, et pour cela n'était-il pas de bonne guerre de combattre le protestantisme avec ses propres armes ? — *Mme de Maintenon*? Petite-fille d'Agrippa d'Aubigné. Elevée par Mme de Villette dans un calvinisme austère, elle apprenait par cœur les quatrains de Pibrac lorsque, petite fille, elle gardait les dindons. Quand elle fonda Saint-Cyr, en 1686, au lendemain de la Révocation de l'Edit de Nantes, elle obéit au même mobile que, trois ans avant, Fénelon. — *Rousseau* ? Protestant jusqu'à seize ans, pensionnaire du pieux pasteur Lambercier, et réintégré dans le protestantisme par le Consistoire de Genève « après affirmation solennelle », le 25 juillet 1754. — *Mme de Staël* ? Amie intime et admiratrice passionnée de sa cousine Mme Necker de Saussure, la grande pédagogue protestante ; nous devons à ses instances que Mme Necker ait écrit sur l'éducation les livres qui lui ont valu le titre de « Rousseau chrétien ». — *Mme Pape-Carpantier* ? Une disciple des protestants Frœbel et Pestalozzi. — *Les artisans de l'école laïque* ? Mais leur patriarche est encore parmi nous, M. Ferdinand Buisson, appelé par Jules Ferry à la direction de l'enseignement primaire en 1879... Or, M. Buisson est sorti autrefois de l'Eglise protestante de Taitbout ; et, aujourd'hui encore, il a peine à faire un discours sans y mettre des citations de l'Evangile.

Toutes ces constatations, que je pourrais multiplier, veulent dire ceci : que l'on combatte la Réforme, que

lin fut un disciple des Jansénistes, et c'est par son *Traité des études* (1726) que leur esprit se maintint dans l'Université. Mais comme il avait pris parti contre la Bulle *Unigenitus*, l'Eglise obtint sa destitution de recteur, empêcha son élection à l'Académie et interdit tout éloge sur sa tombe. Personnalité morale de premier ordre, Rollin donnait un triple but à l'éducation : former l'esprit, disposer à la vertu, élever des chrétiens. Ce triple but est précisément celui que le préambule du statut d'Henri IV assigne à l'Université.

l'on trahisse sa morale ou qu'on en abandonne les croyances, si l'on s'occupe de pédagogie, on ne peut échapper à son emprise, ni faire œuvre de pédagogue sans adopter, peu ou prou, ses principes. Pourquoi ? parce que le protestantisme, en ramenant à la lumière *l'Evangile*, a dégagé les principes éternels dont la présence assure, et dont l'absence ruine la vie morale de l'humanité.

Pour introduire ces principes, disons un mot de la méthode.

L'Eglise donne l'enfant au prêtre. La Révolution le donne à l'Etat. L'éducation protestante le donne à la famille. C'est pour cela qu'elle préconise l'instruction de la femme, dont Rabelais ne voulait pas, et que Port-Royal n'a comprise que comme une discipline monastique. « On ne saurait rendre un plus grand service à la « société, que de travailler à former une bonne mère », dit un vieil auteur huguenot. Il ajoute : « Les enfants « sont des vases vides qui ne demandent qu'à être remplis et qui conservent toujours l'odeur des premières « liqueurs qu'on y a versées. » Toute une série d'ouvrages protestants, proscrits autrefois et aujourd'hui oubliés (1), parlent de l'éducation de la première enfance,

(1) On verra par la liste suivante, forcément incomplète, combien la préoccupation pédagogique fut intense, dès l'origine, parmi les protestants de langue française : Farel, *Sommaire* (chap. de l'instruction des enfants), 1524. — Cordier : *Distiques moraux de Caton*, 1533 ; *Civilité* (introuvable): La première *Civilité des mœurs puériles* fut composée en 1530 par Erasme, précurseur de la Réforme, qui aurait sa place parmi les pédagogues de premier plan si l'amour de l'érudition ne l'avait emporté chez lui sur tous les autres. Erasme, comme Rabelais et Montaigne, *spécule* sur l'éducation, tandis que Ramus et ses émules protestants *enseignent*, émancipent et souffrent pour la liberté. — Calvin, *Ordonnances ecclésiastiques*, 1541. — Viret, *Instruction chrétienne*, 1556 et 1564. — De Calviac, *Civile honnesteté*, 1560. — Cordier, *Miroir de la jeunesse*, 1558 ; *Colloques scolastiques*, 1564. — De la Primaudaye, *Académie françoise*, 1584. — De la Place, *Discours en forme de dialogue entre un père et un fils*, etc., 1629. — Baron, *Dialogues entre un père et un fils*, 1658. — Silvestre du Four, *Instruction morale*, 1678. — Marie Dumoulin, *Traité sur l'éducation des enfants* (introuvable), mentionné par Bayle en 1679. — C. Amélie de la Trémoille, *Mémoires* (édit. expurgée publiée par un catholique, E. de Barthélemy, 1876). — P. Faisses, instituteur, *Autobiographie* (inédite), 1674-1675 (publiée en partie à Genève, en 1877). — J. Rou, *Mémoires*, 2 vol., (éd. Paris, 1854). — D. Crespin, *Traité de l'éducation de la jeunesse*, 1691. — Jordain Olivier, *Leçons chrétiennes d'un père à ses enfants*, 1707. — Anonyme (réfugié), *Nouveau traité d'éducation*, Amsterdam, 1716. — D. F. (réfugié), *La mère chrétienne* (2 ou 3 vol.), La Haye, 1723. — A cette bibliographie pédagogique des deux premiers

désignant déjà à la réprobation publique les mères qui
manquent au devoir d'allaiter leurs enfants « par une
« délicatesse mondaine, par mépris, par paresse ou
« dans le désir de conserver leur beauté ou leur embon-
« point ».

L'éducation protestante recommande l'enseignement
privé, estimant un bienfait de ne point séparer l'enfant
de la famille, et de faire du précepteur le collaborateur
du foyer. Une grande attention est apportée aux habitu-
des que les enfants contractent dès leur jeune âge. On
les accoutume à ne rien dire ni faire qui « soit contre
les règles de la modestie et de la bienséance ». On les
« dresse à savoir réparer les petites brèches qui se font
à leurs nippes ». On les forme à la politesse et à la bonne
humeur. Rien, à qui demande avec les « mains sales,
« le nez morveux, les cheveux hors du bonnet et les
« habits gâtés »● Dans les corrections, on n'admet plus
qu'il faille terroriser l'enfant par la brutalité, ce qui
inspire aux petits « une crainte basse et forcée ». On
s'applique à faire appel en lui à « ce reste d'innocence
« qui éloigne les enfants du mal et qui leur donne un
« sentiment de honte et de confusion lorsqu'ils ont com-
« mis quelque faute ». La rigueur n'est admise que pour
réprimer l'orgueil, la paresse, la gourmandise. Elle est
conseillée contre l'obstination, exigée contre le mensonge.

En matière d'instruction, on a renoncé aussi à abrutir
les enfants par la continuité des heures d'études et par
l'abus de la mémorisation. Suivant en cela la maxime
de Ramus, que saint Cyran avait adoptée : « *Peu de pré-
ceptes et beaucoup d'usage* », les Protestants recomman-
dent les récréations, deux ou trois fois par jour, veulent
que la jeunesse ait le temps de se divertir, et qu'on tire
parti des heures de liberté pour continuer l'éducation
des enfants sans fatigue : « Faites-leur faire un petit
« ouvrage manuel, confiez-leur un jardinet, initiez-les à
« quelque art mécanique ». « Formez les enfants dans
leurs récréations », écrit l'auteur de la *Mère Chrétienne*,

siècles de la Réforme, il faudrait ajouter les *Œuvres diverses* de Bayle
(éd. posth. 1727-1741) ; de nombreux *Mémoires* que le malheur des
temps ne permit pas de publier ; enfin, d'importantes délibérations
consistoriales ou synodales, et des textes de lois scolaires protestantes,
tels que les instructions remarquables contenues dans l'*Ordonnance
ecclésiastique* qui régit les Eglises du Pays de Montbéliard, de 1560
à 1789.

« à faire des questions sur les choses qu'ils voient, et répondez-leur précisément. Apprenez-leur comment se fait le pain, qui est la principale nourriture de l'homme ; comment le blé se multiplie, comment on le sème, comment on le moissonne, comment le blé est réduit en farine et devient du pain ; comment on fait les draps, comment on fait la soie, comment on fait le linge... Tout cela les divertira et les instruira en même temps. » Nous voici, dès le début du xviii<sup>e</sup> siècle, en plein dans les leçons de choses préconisées aujourd'hui dans les jardins d'enfants et les méthodes de l'éducateur protestant Frœbel, élève lui-même de l'éducateur protestant Pestalozzi.

Dans l'école protestante, on épèle en français. Dans l'école catholique, on épèle en latin. L'école catholique sépare absolument les filles et les garçons. La Réforme organise des écoles mixtes et, au début, les multiplie.

L'école catholique exige le célibat dans le corps enseignant. L'école protestante, non seulement ne réclame pas le célibat, mais, suivant la doctrine de Claude Baduel, estime le célibat désavantageux pour les éducateurs et les éducatrices. La famille est la première cellule de la société, qu'elle soit Eglise ou Etat.

Les protestants ont sur ce point une conviction si nette, qu'ils se sont toujours refusés à créer des agglomérations qui pussent ressembler à des couvents ou à des séminaires. Soit au collège, soit à l'académie, élèves et étudiants étaient disséminés dans les familles des professeurs, des pasteurs et des habitants estimés de la ville. Là, leur vie était un appel constant à leur responsabilité individuelle. La discipline en a souffert parfois, mais combien y gagnaient l'éducation du caractère et l'affranchissement de l'esprit ! *On voulait former des hommes* et on en courait les risques.

Pendant ce temps, les Jésuites, dont les collèges ont grande vogue (1), détachaient l'enfant de la famille,

---

(1) Toute personne au courant des questions de pédagogie étudiera avec profit *La pratique du ratio studiorum pour les collèges*, par le père jésuite F.-X. Passard (nouvelle édition, Paris, 1896). Si l'on ne se laisse pas rebuter dès l'entrée par des expressions déconcertantes : « Consacrer son travail à la Très-Sainte Vierge ou à quelque saint »... « promouvoir les dévotions. »... « ne jamais oublier l'exorde insinuant ».., et par des procédés où l'habileté l'emporte sur la franchise, on dis-

inventaient l'*internat,* y intensifiaient l'émulation par
l'abus des concours, par des récompenses extérieures :
rubans, croix, médailles, insignes, bans d'honneur, titres
décoratifs empruntés à la République romaine, et s'assu-
raient une discipline facile en élevant la délation, l'espion-
nage réciproque des élèves à l'état de système. « Un élève
obtenait le pardon de la punition qu'il avait encourue
quand il pouvait faire connaître un condisciple coupable
de la même faute (1). »

L'opposition des deux méthodes d'éducation se retrou-
vait dans l'enseignement. Les Jésuites avaient habile-
ment adopté le programme de Sturm, mais l'avaient
accommodé au but de leur Société. Pour les protestants,
l'instruction est un bienfait dû à tous. Pour les Jésuites,
elle est une arme dangereuse qu'il ne faut pas mettre
entre les mains du peuple (2). « L'histoire est la grande
éducatrice », dit le protestant. « L'histoire est la perte
de celui qui l'étudie », dit le Jésuite. Aussi, dans les
collèges, les protestants font des leçons d'histoire ; les
Jésuites, des leçons *à* l'histoire. La logique, chez les protestants, est une vertu, la vertu de raisonner droitement
et de mettre les facultés intellectuelles au service de la
vérité. Chez les Jésuites, la logique est un art, l'art de
la dialectique qui triture les idées, les vide de leur contenu
moral pour les tourner à toutes fins (3). L'érudition,
grande dans les deux camps, est maniée chez les protestants avec une honnêteté littéraire et historique qui
assure le respect intégral des textes. Chez les Jésuites,
les textes sont découpés, tronqués et accommodés.
Les faits sont supprimés ou changés quand ils parlent ,
trop. La science est une récréation sans esprit de recher-

cernera aisément, dans ce livre de technique, les qualités et les défauts
qui ont assuré le succès des Jésuites et qui rendent leur influence
néfaste. Le Jésuite est un éducateur dévoué, mais non désintéressé.

(1) F. Guex, *op. cit.*, p. 97.

(2) On lit, dans les *Constitutions*, écrites par Loyola, dès 1558 : « Nul
d'entre ceux qui sont employés à des services domestiques pour le
compte de la Société ne devra savoir lire et écrire, ou, s'il le sait, en
apprendre davantage. » Voilà qui en dit long sur le désir des Jésuites
d'éclairer les masses. Ce qu'ils veulent, c'est former dans leurs collèges une jeune milice endoctrinée par eux et parfaitement disciplinée
pour lutter contre les institutions de la Réforme et contre son esprit
d'émancipation.

(3) Cf. Aug. Sabatier, *loc. cit.*, p. 166.

che. La littérature est une explication admirative d'auteurs expurgés. Il s'agit d'empêcher que l'élève ait un jugement personnel et d'amuser son âme (1), pour la mieux tenir. D'un mot, l'enseignement protestant éclairait l'esprit, l'enseignement jésuite le dressait. « Les Jésuites, dit l'historien Macaulay, semblent avoir trouvé le point jusqu'où on peut pousser la culture de l'esprit sans arriver à l'émancipation intellectuelle. »

Au contraire, la volonté d'émancipation est telle chez les protestants, qu'ils n'exigent même pas l'uniformité dans leurs établissements scolaires. Ils n'auraient point, comme l'Université de France dans ma jeunesse, tiré vanité du fait qu'à la *même* heure, dans tous les collèges du pays, les professeurs de la *même* classe dictaient la *même* version latine. Ce système, l'Université de Napoléon l'avait hérité des Jésuites. Pourvu que les cadres généraux fussent de même inspiration, que l'enseignement fût à peu près gratuit et que les principes pédagogiques demeurassent dans leur intégrité, les protestants laissaient aux collèges et aux académies la liberté de se conformer aux mœurs de leur contrée et d'apporter les modifications jugées utiles, suivant le temps et les milieux. Aussi, chacune des grandes écoles avait-elle son individualité et, jusqu'à un certain point, son autonomie. Quand Louis Liard entreprit sa lutte contre la centralisation outrancière de notre instruction publique, quand il a, en 1885, brisé l'uniformité de nos académies régionales et réorganisé les Universités de province, il n'a fait autre chose que reprendre, pour le compte de l'Etat, une des mesures les plus libérales de la Réforme française en matière d'enseignement.

Voilà pour la méthode. Elle montre que, chez les protestants, l'instruction n'existait qu'en vue de l'éducation ; et je crois que nos pères auraient eu une certaine difficulté à comprendre telle forme moderne de l'enseignement, où, sous couleur de science, on réduit la morale au rôle d'honnête accessoire, quand on ne la congédie pas, comme un témoin gênant. Pour eux, instruire un homme, ce n'était pas garnir un cerveau, c'était enseigner à vivre. Avec eux, pour qu'un livre fût bien fait, il fallait

---

(1) Cf. E. Bersot, *Etudes sur le* XVIII<sup>e</sup> *siècle*, 1855, p. 224 et suiv.

que ce fût un bon livre. L'homme instruit, c'était l'homme dont l'âme est éduquée.

Voyons maintenant quels étaient les principes moraux de cette éducation. Pour les dégager, il nous suffira de jeter un coup de sonde dans chacun des quatre siècles qu'a vécus jusqu'ici la Réforme française.

Voici comment s'exprime Guillaume Farel sur l'éducation, en 1523, c'est-à-dire douze ans avant que Calvin eût écrit son *Institution* : « Le père et la mère doivent « tâcher que leurs enfants, tant fils que filles, aient con- « naissance de la Sainte Ecriture et de ce qui est contenu « en elle, car l'Ecriture sert à tout et profite à tous... Avec « l'Ecriture, le père et la mère, les éducateurs doivent « donner l'exemple aux enfants d'aimer, de craindre et « d'honorer Dieu, se donnant bien garde qu'ils ne fassent, « ne disent choses vilaines devant eux qui leur donne- « raient du scandale... Il faut aussi apprendre aux en- « fants de n'être à charge à personne, de ne pas vivre « dans l'oisiveté ; mais de profiter et secourir à son « prochain tellement que la vie soit à l'honneur et louange « de Dieu et au profit du prochain. »

Parlant ensuite de l'enseignement secondaire, Farel met dans son programme avec les langues principales (latin, grec, hébreu), *l'étude de la nature*, bêtes, arbres, autres choses, montrant comment « Dieu est merveilleux en ses œuvres et comment les hommes sont muables (1) » ; *l'enseignement de l'histoire*, qui fait « voir les

(1) Farel se montre ici le précurseur du grand pédagogue Coménius (1592-1671), le protestant morave considéré généralement comme le premier apôtre de la méthode d'intuition dans l'enseignement. « Viens avec moi, mon fils, dit Coménius, allons au grand air. Tu y verras ce que Dieu a fait dès le commencement, et ce qu'il continue à faire par la nature. » C'est exactement ce que demande Farel. Coménius, dont la personnalité — défigurée par notre *Encyclopédie des Sciences religieuses* — domine l'histoire de la pédagogie au xvii<sup>e</sup> siècle, a ouvert la voie à Rousseau et à Pestalozzi. Ses vœux prophétiques s'étendent au delà même de ce que trois siècles de progrès nous ont acquis. C'est ainsi qu'il réclame l'école unique pour tous et l'instruction intégrale pour tous. Par où il entend que l'école primaire doit donner des notions élémentaires sur l'ensemble du savoir humain, que les enfants de toutes conditions doivent la fréquenter, et que les écoles supérieures doivent être organisées de façon à être accessibles à tous ceux qui montrent des aptitudes, quelle que soit leur condition sociale. Il voit dans l'école primaire, point de départ de l'éducation de tous, « l'atelier de l'humanité », le milieu où se préparent, par une forte éducation morale et religieuse, la disparition des préjugés de classes et

grandes mutations des villes, pays et royaumes » ; *le droit*, qui révèle « bonnes lois et ordonnances pour donner au peuple la paix et à l'homme public le jugement » ; enfin *les arts libéraux*, ce qui signifiait, à cette époque : logique, arithmétique, géométrie, musique, astronomie, etc... Et voici sa conclusion pratique : « Là où écoles « sont dressées, qu'elles soient entretenues en réformant « ce qui a besoin d'être corrigé et en y mettant ce qu'il « faut ; là où il n'y en a point, en ordonner, et si les pères « ne peuvent y entretenir leurs enfants, que ces enfants « y soient entretenus. »

Ces quelques instructions donnent, dès l'origine, à l'éducation morale de la Réforme, ses trois fondements : *la vérité* (connaître Dieu et avoir une conduite conforme aux principes que l'on proclame) ; *la liberté* (être assez instruit pour se diriger soi-même et assez laborieux pour posséder l'indépendance) ; *la fraternité* (secourir le prochain, entretenir dans les écoles les enfants des parents sans ressources).

Un siècle plus tard, nous retrouvons les mêmes principes dans le testament adressé par l'illustre prédicateur, Pierre Dumoulin, à ses trois fils (1649). « Plusieurs, dit-il, « forment la connaissance de leurs enfants sans former « leur conscience. Vous, conduisez vos familles ! » *Vérité :* « Surtout est nécessaire d'imprimer aux esprits « de vos enfants la haine du mensonge, car le mensonge « sert de couverture à tous les vices. L'apôtre disant : « dépouillez le mensonge, parle du mensonge comme « d'un manteau. Celui qui s'abstient à ne mentir jamais, « s'abstiendra de tout de ce qu'il faut couvrir en men- « tant. » *Liberté :* « Il faut empêcher vos enfants d'être « oisifs car, par l'oisiveté, les esprits s'engourdissent et « le corps se relâche d'une paralysie volontaire et ce « mal va toujours croissant. » *Fraternité :* « Vous « devez avoir pour but, non pas de vous faire admirer,

---

réconciliation des peuples. S'il y avait chez Coménius une part d'utopie, reconnaissons du moins que cette utopie, devenue réalité, assurerait le bonheur de la société.

Inutile d'ajouter que sa vie, longue et laborieuse, a été toute troublée par la persécution catholique.

« mais de sauver les âmes. Notre devoir est, non pas de
« chatouiller les oreilles, mais de poindre les consciences.
« Celui qui enseigne sans exhorter rend ses auditeurs
« plus savants, mais ne les rend pas meilleurs. »

Je passe encore cent ans. Voici un jeune martyr protestant, Désubas. Il écrit en 1744 au curé de Guâ :

« Vous direz peut-être, Monsieur, que les assemblées
« que nous faisons contre les édits de notre souverain
« sont des rébellions. Or, nous vous demandons, les rois
« ont-ils droit sur la conscience de leurs sujets ? Croyez-
« vous que les premiers chrétiens qui faisaient des assem-
« blées contre les édits des empereurs, même jusque
« dans la capitale de l'empire, fussent des rebelles ? Vous
« n'oseriez le dire, et si vous le faisiez, vous condamne-
« riez des personnes que vous regardez comme des mar-
« tyrs et des saints. Le temps nous justifiera. En atten-
« dant, nous n'avons d'autre dessein que d'amener les
« peuples à la vertu et à les rendre de bons chrétiens.
« Si après cela nous sommes blâmés, ce sera pour avoir
« porté les hommes à se souvenir de leur Créateur, à
« se retirer de l'injustice et de la débauche, à vivre en
« paix et en concorde les uns avec les autres. »
Analysez ces lignes, étudiez les circonstances de l'arres-
tation de cet humble martyr de vingt-six ans : vous
apprendrez que Désubas a donné sa vie pour la *vérité*,
la *liberté*, la *fraternité*.

Passons encore cent ans. Voici un grand orateur de
l'éducation protestante, le comte Agénor de Gasparin.
Toujours les trois mêmes principes : *Vérité, liberté, fraternité* (1). A propos des Etats-Unis, dont la constitution
est dans son origine le fruit des éducateurs de la
Réforme, il dit en 1862 : « Les fortes croyances sont
« un fort rempart. Les esclaves de la vérité sont des
« hommes libres, et la véritable indépendance com-
« mence par le cœur. » Devant la misère du peuple, il

_______

(1) A. de Gasparin, *Un grand peuple qui se relève*, 2ᵉ éd. 1861, p. 362
et suiv. ; *La liberté morale*, 2 vol., 1863 ; lire surtout ses deux volumes
sur *La famille*, Paris, 1865. — Nul n'a mieux défini la doctrine protestante en matière d'éducation que le grand penseur Alexandre Vinet.
Cf. A. V., *L'éducation, la famille, la société*, Paris, 1855. Voir aussi
*Esprit d'Alexandre Vinet*, par J.-F. Astié, Paris, 1876, vol. 2, p. 300-315.

s'écrie : « Nous naviguons ensemble, et nul n'a le droit
« d'ignorer les souffrances de ses compagnons de route.
« N'oublions pas surtout que la misère est un tentateur.
« Au lieu de condamner sans miséricorde ceux qui ont
« succombé à des épreuves dont la classe aisée ignore
« le péril, que n'essayons-nous de les relever ? En sou-
« lageant des misères, il nous sera donné peut-être de
« redresser des âmes. L'affranchissement des esclaves
« sera le titre d'honneur du xix⁰ siècle ; *ayons soin seu-*
« *lement que les blancs n'y soient pas omis.* »

Me voici arrivé au xx⁰ siècle, à l'année où nous sommes, et je lis dans le numéro de l'*Educateur Protestant*
du 10 mars 1923 les pages du professeur Gaston Richard
où les trois vieux principes huguenots : *Vérité, liberté,
fraternité,* se retrouvent formulés avec la même énergie
que chez ses devanciers, présentés comme le fondement
même de la démocratie moderne, comme les principes
de l'éducation laïque bien comprise (1).

*Vérité :* « Le principe de l'école laïque est, ou doit être,
« la sincérité dans l'éducation. Sous une forme indirecte,
« elle invite la famille et l'Eglise à faire en sorte que
« cette sincérité soit réelle... L'enfant sait ainsi qu'il y
« a un lieu où l'on croit devoir être sincère avec lui, et
« il est porté à exiger la même sincérité de tous et par-
« tout... Celui envers qui tous ont été sincères se sent
« obligé d'être sincère envers lui-même... »

*Liberté :* Le faux esprit laïque n'est « rien de moins
« qu'un attentat au droit de l'enfant ». A ceux qui contes-
tent au père son droit d'éducation et remettent l'enfant
à l'Etat, M. Richard répond justement : « Si un père
« n'est pas le vrai protecteur et le garant des droits
« de l'enfant, en vertu de quel mystère la totalité des
« pères de famille, réunie en Etat, acquiert-elle un droit
« que ne possède aucun de ses éléments ?... L'enfant
« est, pour l'éducateur, plus et mieux qu'une recrue
« destinée à combler un vide dans une armée, un ate-
« lier, un parti syndical. Il voit, dans chaque enfant,
« une conscience qui doit un jour s'appartenir à elle-

(1) G. Richard, *La vraie et la fausse éducation laïque.*

« même et prendre volontairement sa part de la respon-
« sabilité sociale... »

*Fraternité :* « Un autre fruit que l'éducation laïque
« peut donner et donne souvent, c'est incontestablement
« l'esprit social. Elle rattache l'enfant à la vie d'une
« grande société qui a pour principe le droit de tous à
« l'épanouissement complet de leur personnalité. Les
« enfants peuvent apprendre à s'y soumettre à un idéal
« civique qui exige d'eux, à l'occasion, le sacrifice de
« leurs passions, et même de leurs intérêts particuliers,
« à la continuité indéfinie de l'Etat et de la culture
« nationale. »

On ne saurait être plus moderne dans l'énoncé de ses
principes, ni plus protestant dans ses affirmations. La
troisième République, en écrivant sur ses monuments
les trois grands mots : Liberté, Egalité, Fraternité, y a
inscrit, sans s'en douter, le plus grand hommage rendu
aux éducateurs martyrs de la Réforme. J'oserai même
dire que si elle leur était restée plus fidèle, et si elle avait
mis le mot *Vérité* à la place du mot *Egalité*, les deux
autres mots s'en fussent trouvés mieux.

Que n'ai-je le temps de vous montrer maintenant les
trois principes moraux de l'éducation protestante aux
prises avec les expériences de l'histoire ! vous verriez
non seulement ce qu'il en a coûté au protestantisme pour
les transmettre intacts à la démocratie moderne, mais
aussi combien leur victoire est loin d'être assurée.

*Vérité :* Les adversaires disaient : La vérité est un
trésor qu'on ne doit qu'à ceux qui en sont dignes. On ne
doit pas la bonne foi aux hérétiques. Conséquence : la
guerre de religion, dont l'amiral de Coligny fut le prin-
cipal héros, a dû être recommencée huit fois, parce que,
huit fois, après la paix conclue, les ennemis des Huguenots ont violé leur parole. La vérité n'était que dans un
camp. Lisez les biographies de Luther et de Calvin, dis-
tribuées aujourd'hui par les descendants de leurs contra-
dicteurs, vous verrez jusqu'où peut aller la désinvolture
du mensonge dans un siècle où la documentation est à la
portée de tous.

*Liberté :* Les adversaires du protestantisme ne reconnaissaient pas, n'ont jamais reconnu la liberté de l'erreur. Etait erreur, pour eux, tout ce qui ne se conformait pas aux instructions de Rome. D'où : persécution des esprits indépendants et asservissement du peuple tenu dans l'ignorance. Les deux systèmes ont porté leurs fruits. Depuis un siècle, les pays affranchis par les principes protestants ont pris la tête de la civilisation. Mais je vois derrière eux un trône pontifical où l'on rêve toujours de pouvoir temporel œcuménique. Ce trône est servi par une armée nombreuse, ardente, internationale, disciplinée... et j'ai parfois l'impression que cette armée avance.

*Fraternité :* La fraternité n'est possible que là où les convictions sont respectées, sans quoi il n'y a de prochain que le coreligionnaire. Nous ne le savons que trop en France, où chaque menace de réaction ultramontaine ramène les divisions et les tyrannies. J'ai connu des municipalités françaises qui refusaient, en pleine République, de laisser enterrer un protestant dans le cimetière de la commune ; et j'ai même, aujourd'hui, à m'occuper de tel ouvrier, de tel malade, boycotté sur le chantier ou dans l'hospice, parce qu'il est le seul protestant dans un milieu qui n'admet pas la liberté de conscience.

Ne nous faisons pas illusion : la démocratie moderne est, certes, une belle victoire ; mais l'arbre de la liberté n'a pas encore de bien longues racines. Il n'est pas à l'abri des coups de vent de la réaction. Que dis-je ! Quand j'examine les mœurs de la société actuelle ; quand je vois, sous le masque démocratique, grimacer ces vieux tyrans : l'argent, le mensonge et la guerre ; nos enfants, dans la vie publique, livrés à toutes les obscénités de l'image, du roman ou du cinéma ; les foules, insouciantes de l'au-delà, s'obstiner à chercher le bonheur uniquement dans la vie présente : je me demande si l'arbre de la liberté, planté chez nous, n'est pas comme ces mais de village, mâts de cocagne fichés en terre pour la durée d'une fête, et dont les feuilles et les fruits sont suspendus par des ficelles.

Car enfin, ces principes : *Vérité, Liberté, Fraternité,* suffit-il de les énoncer pour leur donner la vie ? de les faire flamboyer dans les discours patriotiques ou de les expliquer dans un programme scolaire pour les faire triompher ?

M. Richard parle excellemment de l'idéal civique qui exige le renoncement aux passions, voire même à des intérêts, à des droits... Il rappelle que la loi du progrès, qui est pour l'espèce une loi de perfectionnement, est pour l'individu une loi de sacrifice... Croyez-vous que le gros des âmes humaines soit disposé au sacrifice ? Sur le champ de bataille les héros sont nombreux ; dans le combat moral, ils sont rares. La vision de l'idéal n'est radio-active que dans les cœurs d'élite. Pour la masse, la notion du devoir n'est qu'un frein impatiemment supporté.

Pourtant, me direz-vous, tout homme a *une conscience* (1). C'est à sa conscience qu'il faut faire appel. Ah ! s'il n'avait qu'une conscience, tout irait bien ! Mais le malheur, c'est qu'il en a deux. M. Paul Bureau nous a fort bien expliqué cela au dernier Congrès international de pédagogie en nous parlant de la psychologie de la tentation, et notre propre expérience nous l'avait appris avant lui.

Quand la loi du sacrifice intervient, — et elle intervient à tout bout de champ, notre première conscience, nous dit : Fais ton devoir, fais-le tout entier ! C'est *l'impératif catégorique*. Mais aussitôt notre deuxième conscience murmure : C'est vrai, il faut faire son devoir, c'est la règle générale. Mais, justement, le cas présent ne tombe pas sous la loi générale. Il est particulier, occasionnel, exceptionnel. Pour cette fois, tu es parfaitement excusable de ne pas te sacrifier. L'abnégation ne serait pas raisonnable ; elle n'est pas demandée. — Et l'échappatoire éconduit le sacrifice.

La première conscience reprend : Il ne s'agit pas d'exception, ni d'occasion. Le bien, c'est le bien. Le monde qui t'entoure a besoin qu'on fasse le bien. C'est *par le concours de tous* que le progrès s'accomplit.

(1) Par *conscience*, on doit entendre ici non la lumière divine mise par le Créateur en chaque créature, mais notre *personnalité*. Or l'expérience nous apprend que notre personnalité se dédouble et qu'elle agit bien ou mal, suivant la suggestion qui l'inspire. Jésus, dans le chap. 6 de *saint Jean*, et l'apôtre Paul, dans les chap. 7 et 8 des *Romains*, désignent clairement la double origine des suggestions qui maintiennent notre personnalité dans une tragique alternative.

C'est vrai, dit aussitôt la deuxième conscience, « par le concours de tous », c'est entendu. Eh bien ! regarde. Les autres, font-ils leur devoir ? Et si un seul le fait, son effort est-il efficace ? Je suppose que l'ennemi envahisse la frontière : on fait une mobilisation ; tu prends les armes pour défendre ton pays. Puis, en regardant autour de toi, tu vois que tu vas partir seul. Partiras-tu ? Inutile folie ! Tes efforts seraient vains parce qu'ils seraient isolés ; et ton obstination ne pourrait aboutir qu'à priver ta patrie d'un vaillant citoyen. Dans le domaine moral et social, *l'autre* ne marche pas. Dis-toi bien cela. Si tu marches, tu fais du zèle et tu ne sers de rien à la société. Tu es dupe, voilà tout ! — Et l'échappatoire éconduit le sacrifice.

La première conscience reprend une troisième fois la parole : Il ne s'agit pas de regarder si *l'autre* marche, c'est *un ordre que tu as reçu*, il est bon, cela suffit. Dans l'armée, le soldat n'a pas à discuter le plan contestable du chef. Dans la société, à plus forte raison, y a-t-il déshonneur à trahir celui qui commande le bien.

Aussitôt, la deuxième conscience intervient : Sans doute, il y a un ordre donné, et un ordre donné avec beaucoup de fermeté et beaucoup de gravité. Oui, il y a *des gens* qui commandent. Eh bien, regarde ces gens qui commandent. Tu verras qu'ils sont les premiers à transgresser la loi, qu'ils découragent les bonnes intentions par leur indifférence, et qu'ils encouragent, par leur veulerie ou par leur complicité, ceux qui font le mal. Regarde le Gouvernement, le député, le magistrat... Ah ! les beaux incorruptibles ! C'est sur leur ordre que tu te sacrifierais ? Ne serais-tu pas une double dupe ?... La deuxième conscience accumule ici des preuves en masse, navrantes, indéniables. — Et l'échappatoire éconduit le sacrifice.

La première conscience, traquée de toutes parts, donne son argument suprême : Ne regarde donc pas aux autres, regarde à toi. Le bien est beau en lui-même. C'est la société, non tel ou tel homme, qui te le commande. Tu es *le débiteur de la société*. Sacrifie-toi pour elle, s'il le faut, jusqu'au bout.

La deuxième conscience intervient et conclut triomphante : Débiteur, toi, *et de qui* ? De la société ? La société ?... connais pas. L'histoire, déterminée par l'évolution, me montre *des sociétés*, c'est-à-dire des collectivités qui, les unes après les autres, à travers la fatalité des siècles, sont nées, ont grandi, ont décliné, sont mortes. La cendre de ceux qui se sont sacrifiés pour elles est mêlée dans l'oubli à la cendre de ceux qui les ont exploitées. Que des utopistes différencient ces morts par des qualificatifs moraux, libre à eux ; je constate, moi, que le néant a tenu entre eux la balance égale, et que les sociétés, pour lesquelles d'antiques anonymes se sont sacrifiés, sont avec eux retournées au néant. Voilà de quoi tempérer ton ardeur au sacrifice.

Mais, il y a plus : Débiteur, toi, et *de quoi ?* Ici, la voix perfide ramasse, dans un raccourci impressionnant, toutes les occasions dans lesquelles nous avons été victimes de la conduite des autres, tous les dommages que nous avons soufferts, tous les torts qu'on nous a causés, tout le mal qu'on nous a fait. Elle étale les services que nous avons rendus... puis, elle nous dit : Débiteur de la société, toi ? mais pas du tout ! Tu es, au contraire, son créancier. Et jamais tes manquements, tes défaillances ou tes péchés mignons ne te feront récupérer ce que tu as perdu, et ne t'indemniseront assez de tout ce que tu as eu à souffrir de la part des autres.

Le poète Jasmin, le grand troubadour d'Aquitaine au siècle dernier, était né dans la misère. Ses parents avaient frappé à la porte des Eglises, des mairies ; mais souvent, le petit garçon s'était couché sans souper. Son génie, plus tard, lui valut la gloire littéraire et une certaine aisance. Il lui arrivait même de faire gras le vendredi ! Son curé en prit ombrage et lui dit un jour : « Monsieur Jasmin, se peut-il qu'un homme pieux comme vous désobéisse ainsi aux commandements de l'Eglise ? » Jasmin lui répondit par une poésie charmante où chaque strophe, rappelant ses privations d'enfant, se terminait par le même refrain :

> En tout cela, j'ai tant payé d'avance,
> Que c'est le bon Dieu qui me doit.

Cet aveu de Jasmin, conscient ou inconscient, est plus ou moins dans le cœur de tous. Chacun est tellement convaincu d'être la victime d'innombrables injustices

sociales que, mis en demeure d'obéir à la loi du sacrifice, il invoque la *justice idéale* et s'autorise d'elle pour
se dérober au devoir. Ah ! si je voulais rendre à la
société la monnaie de sa pièce ! Je suis bon garçon, mais
qu'on ne m'en demande pas davantage : c'est la société
qui me doit. — Et l'échappatoire éconduit définitivement
le sacrifice.

Voilà la réalité crue. Voilà les deux consciences.
Voilà la voix mauvaise qui, pour emporter notre résolu-
tion, excuse notre égoïsme, flatte nos instincts, décou-
rage nos bonnes intentions, disqualifie notre idéal, désa-
grège notre vie spirituelle et nous maintient dans un
état d'inconsistance morale ruineux pour l'individu et
pour la collectivité. Après ces constatations, et malgré
le dévouement du corps enseignant qui compte des per-
sonnalités admirables, je crains bien qu'il ne nous faille
mettre la morale sociologique dans le musée des chimè-
res, à côté de la pierre philosophale.

Les choses étant ainsi, comment se fait-il que l'éducation protestante ait abouti ? que les Huguenots soient
arrivés à faire vivre leurs principes dans les masses, et
à créer, par là, non seulement une aristocratie de gens
vertueux, comme on en trouve ailleurs, mais une société
où grands et petits, riches et pauvres, savants et igno-
rants, marchent d'un pas égal vers le progrès en prati-
quant allègrement les trois vertus de la démocratie
sociale ?

Les Huguenots avaient compris deux choses :

La première, d'ordre théorique, c'est que ni l'individu,
dans sa vie terrestre, ni la société, dans son évolution,
*ne sauraient être présentés comme une fin* capable de
justifier le sacrifice.

La seconde, d'ordre pratique, c'est que les hommes
sont menés non *par des idées* mais *par des personnes*.
L'idée est une lumière qui devient une flamme quand
elle passe par un cœur humain. Que ce cœur s'em-
pare du nôtre, l'idée qu'il incarne fond nos résis-
tances, embrasse notre zèle, devient en nous un foyer
d'énergie. Et si ce cœur est adorable, l'idée qui en

rayonne purifie le nôtre de ses scories, l'enthousiasme jusqu'au martyre et l'installe dans le divin.

Telle a été l'action de Jésus-Christ (1).

Pour donner à la loi du sacrifice un point d'appui résistant, une justification décisive ; pour l'animer, pour la rendre attirante, impérative, les éducateurs protestants *n'ont pas raisonné*, ils ont mis les hommes *en présence de Jésus-Christ*. Jésus-Christ, dont la vie sainte et l'immolation volontaire nous révèlent qu'individus et sociétés sont engagés ici-bas dans un combat de libération qui déborde infiniment les cadres de l'histoire, et dont l'enjeu est la Vie éternelle.

Dans ce combat de libération qui, à l'occasion, nous crucifie, pour accepter consciemment et résolument d'être des dupes aux yeux du monde, il faut des raisons qui l'emportent sur les raisons du monde, des raisons qui viennent de plus haut que le monde. Ces raisons, Dieu nous les a données en nous donnant son Fils, Jésus-Christ.

Jésus-Christ, pour réaliser la morale, pour apporter à l'homme déchu la grâce qui sauve et pour instaurer le règne de l'Esprit, a accepté, lui, d'être la dupe magnifique qui ceint la couronne d'épines et prend le spectre de roseau, qui donne tout, qui se laisse dépouiller de tout, et qui meurt clouée sur une croix, sous la risée et sous l'outrage. Et c'est parce qu'il a accepté cela, qu'il a été aimé passionnément, qu'il est devenu la dynamique morale de tous les siècles et que, depuis deux mille ans, ceux qui s'approchent de lui *montent* et ceux qui s'éloignent de lui *descendent* dans l'échelle des facteurs moraux de la société.

L'éducateur protestant avait donc bien raison de dire, par la bouche d'un vieux professeur de Saumur à qui l'on demandait : « Qu'est-ce que l'éducation ? » — « L'éducation ? c'est *enfanter des enfants à Jésus-Christ*. »

(1) Un des huguenots les plus authentiques et les plus éminents de notre époque, le pasteur Charles Babut, a admirablement présenté l'action révélatrice et rédemptrice de la personne de Jésus dans deux discours publiés après sa mort par son fils. On les trouve à Alais, chez M. le pasteur Henry Babut, sous les titres : *Ecce homo* et *Le premier message de Jésus ressuscité*, dans *La Bible et la Vie*, 1re année, no 2, 1er avril 1923.

Des enfants !... Ce mot nous ramène à la jeunesse de nos Ecoles. Si l'idée du devoir devient pour toute conscience *une idée-force* quand elle est animée par l'émotion du Christ, à plus forte raison en est-il ainsi lorsqu'il s'agit de gagner à la cause du bien une conscience enfantine, et de féconder pour l'action une jeune volonté, où les grandes pensées entrent surtout par le cœur.

La philosophie pédagogique nous dit : « Faites comprendre aux enfants qu'il est logique de s'incliner devant la souveraineté des lois morales, qu'elles font la dignité de l'homme, le problème vital des démocraties »... Il est une logique que l'enfant comprend bien mieux et à laquelle il va tout droit : c'est qu'on ne doit ni attrister, ni contrecarrer, ni déshonorer une personne qu'on aime. Faites-lui aimer Jésus-Christ, et il ira à la lutte morale joyeusement, par amour, avec la volonté de vaincre.

La logique des enfants est aussi la logique des peuples enfants. Voilà pourquoi le missionnaire protestant, qui met le noir directement en contact avec l'Evangile, arrive à des résultats d'éducation morale et sociale qui sont de vrais miracles, et qui suffiraient à convaincre de la bonne méthode tous les pédagogues de bonne foi et de bon sens si, au lieu de regarder en l'air, vers l'insaisissable idéal de la morale théorique, ils voulaient bien ramener leurs regards vers la terre et observer les milieux où la régénération morale s'accomplit.

Permettez-moi, pour finir, de vous transporter sur la terre d'Afrique, et de vous raconter une expérience.

Il y a trente-quatre ans, les circonstances m'ont amené à racheter de l'esclavage un petit païen soudanais de sept ans, qui venait d'échapper à un horrible massacre. Payé deux cent cinquante francs, il fut amené, tout effaré, au chef-lieu de la colonie sur l'arçon de la selle d'un capitaine noir. On le confia à l'école protestante. Douze ans plus tard, muni de son certificat d'études, il entrait dans une maison d'électricité où sa fortune était faite. Mais son cœur avait été gagné à Jésus-Christ, et sa morale exemplaire avait fait de lui un apôtre. Il renonça à sa carrière lucrative de la grande ville et sollicita les fonctions d'instituteur missionnaire, à trente francs par mois, dans un humble village où il exerce encore.

En 1914, vint à mourir dans le pays un docteur français qui léguait à ses compatriotes deux enfants qu'il avait eus d'une négresse. Il demandait, par testament, qu'on voulût bien s'occuper « de ce qu'ils pouvaient avoir d'âme immortelle par leur père ». Aucun blanc ne se présenta pour recueillir ce coûteux héritage. Alors notre instituteur noir, qui avait déjà quatre enfants, s'offrit : « Donnez-moi ces petits mulâtres, dit-il, et je leur apprendrai à servir Jésus-Christ. »

En 1916, on réquisitionna là-bas des troupes noires. C'est ainsi qu'après vingt-huit ans de correspondance nous fîmes connaissance de notre fils adoptif. Avec lui vinrent, comme tirailleurs, quatre de ses élèves, beaux jeunes gens de vingt ans, qu'il avait enfantés à Jésus-Christ, et que la tourmente lui arrachait. Je le vis un jour qui versait des larmes silencieuses : « Tu regrettes ton pays ? » lui dis-je. — « Non, ce n'est pas à moi que je pense, c'est à mes quatre élèves si jeunes, si utiles, et qui sont exposés aux tentations de la caserne, à la mort... » Peu après, deux d'entre eux tombaient sur le champ de bataille.

En 1918, comme mon quatrième fils partait rejoindre ses frères à l'armée, il reçut une lettre qui lui disait : « J'apprends que tu va partir soldat, tu n'as pas d'expé-« rience, moi, j'ai vu les actions laides qui se font au-« tour de moi, et l'incrédulité, et la débauche, et la « cruauté. Alors, je t'écris pour t'avertir. Fais attention. « Bon courage ! Tiens-toi près de Jésus pour rester « pur ! » Cette lettre était signée « Ouatara », elle venait de l'un des deux survivants des élèves de notre Soudanais.

J'en appelle à vous tous, quelles que soient vos opinions pédagogiques : Dites-moi si l'émotion de sollicitude de ce jeune noir, traçant des lignes malhabiles au fond d'un camp de tirailleurs sénégalais, pour aider un jeune blanc à se garder pur, n'est pas, au point de vue moral, la chose la plus sublime qu'on puisse rencontrer ici-bas ? Cette chose, je ne l'ai trouvée qu'à l'école du Christ éducateur.

Lorsque Dieu a voulu entreprendre ici-bas l'éducation de la conscience, il a fait des principes de la morale *les caractères d'une personne.* La morale parfaite est entrée dans l'humanité le jour où cette personne a vécu parmi nous. « La Parole a été faite chair » (1). Voilà la grande vérité inaugurale de l'Evangile, vérité qui fait que morale et Evangile courent même fortune. L'idéal moral est devenu réalité historique. Jésus de Nazareth qui a *vécu vraiment* une vie dont les anges seuls peuvent voir le fond, mais dont nous connaissons et dont nous adorons les bords intangibles, Jésus, l'idéal moral personnifié, est devenu par sa vie l'animateur de la morale humaine, de la morale protestante, de notre morale. Ce qu'il nous demande en retour de son sacrifice et de sa victoire, c'est que nous reproduisions son image, que nous incarnions son idéal, que nous en transfusions dans notre action les inspirations vivantes.

Que le Christ historique s'incarne dans notre personne comme Dieu s'est incarné dans la sienne, et nous deviendrons, à sa suite, l'organe intermédiaire entre la parole créatrice et le monde cahotique. Dussions-nous, comme nos pères huguenots, marcher sur les traces sanglantes de Jésus et boire la coupe amère de l'incompréhension, nous triompherons comme lui, comme ont triomphé, après lui et par lui, les fondateurs de l'éducation protestante ; et si les trois principes de toute société morale : *Vérité, Liberté, Fraternité,* peuvent ici-bas se réaliser quelque part, ils se réaliseront où nous serons.

(1) Evangile selon saint Jean I, 14. A propos de cette affirmation évangélique, M. le professeur Will, de la Faculté de théologie protestante de Strasbourg, a prononcé, dans son discours inaugural du récent Congrès de la Fédération française des Etudiants chrétiens, tenu dans cette ville, des paroles d'une grande élévation et d'une grande vérité. Je les rappelle ici, et voudrais pouvoir leur faire de larges emprunts. On les lira dans la revue *Foi et Vie* du 16 mars 1923.

# ÉDITIONS DE « LA CAUSE »



## PORT EN PLUS

Envoi franco sur demande du catalogue complet
des **ÉDITIONS DE « LA CAUSE »**

Adresser les commandes à l'Administration de « La Cause »
*69, rue Perronet, à Neuilly-sur-Seine (Seine)*


14 (2)  Prix : 1 franc

CAHORS, IMP. COUESLANT (PERSONNEL INTÉRESSÉ) — 52.711